Tilman Fröhlich

Defekte Demokratie oder hybride Regime am Beispiel Russlands

GRIN Verlag

Bibliografische Information der Deutschen Nationalbibliothek:

Die Deutsche Bibliothek verzeichnet diese Publikation in der Deutschen National-
bibliografie; detaillierte bibliografische Daten sind im Internet über http://dnb.d-
nb.de/ abrufbar.

Impressum:

Copyright © 2005 GRIN Verlag GmbH
Druck und Bindung: Books on Demand GmbH, Norderstedt Germany
ISBN: 978-3-640-86193-4

Dieses Buch bei GRIN:

http://www.grin.com/de/e-book/109679/defekte-demokratie-oder-hybride-regime-
am-beispiel-russlands

Defekte Demokratie oder hybride Regime am Beispiel Russlands

PS: Einführung in die vergleichende Regierungslehre

Student: Tilman Fröhlich

Datum: 23.09.05

Gliederung:

1. Einleitung

Ziel dieser Hausarbeit ist es zu belegen, dass sich Russland zu einer defekten Demokratie entwickelt hat. Dazu habe ich im ersten Teil einige Kriterien zu Demokratie und defekter Demokratie zusammengestellt. Im zweiten Teil gehe ich auf die Entstehung der russischen Verfassung, die Innen- und Außenpolitik sowie auf die Einschränkungen der Pressefreiheit durch Putin ein. Ich hoffe, es gelingt mir zu zeigen, nach welchen Maßstäben man ein Land wie Russland messen kann.

2. Demokratie

2.1 Konzepte der Demokratie

Das Demokratiekonzept ist ausschlaggebend für jede Demokratieanalyse. Demokratie ist kein einfach oder beliebig zu definierender Begriff. Aus historischer Sicht ist Demokratie eine der ältesten Herrschaftsformen, deren Gründung in die Antike fällt. Eine logische und historische Bedeutung liegt in der Verbindung von „Volkssouveränität, den Prinzipien der politischen Gleichheit, der Freiheit und der Herrschaftskontrolle"[1].

Das Kernprinzip von Demokratie ist Zweifellos die Volkssouveränität. Das Volk regiert sich entweder selbst oder wählt Volksvertreter, beeinflusst zumindest die fundamentalen Herrschaftsstrukturen und wählt die Herrschenden selbst aus. Damit zusammenhängend ist die Verantwortlichkeit der Herrschenden (z.B. der Regierung) unbestritten. Anders als in einer Diktatur oder einem weiteren autokratischen Regime sind in einer Demokratie die Herrschenden vom Volk gewählt und somit personengebunden eingesetzt. In einer Diktatur dagegen stellt sich der Diktator über das Volk[2].

In früheren Demokratien wie z.B. in der antiken Demokratie hatten die Bürger noch ein direktes Mitspracherecht. Dieses definierte sich über die Wahl zu einem Amt, durch Abstimmungen in einer Stimmversammlung oder im Senat. Die demokratischen Herrschaftsformen

---

[1] Merkel, Wolfgang: Defekte Demokratie, Opladen 2003, S. 40
[2] Merkel, 2003, S. 40

änderten sich jedoch mit dem Entstehen von Territorialstaaten. Das Demokratieprinzip veränderte sich und bekam eine neue Bedeutung der Herrschaftskontrolle durch den demos (das Volk).

In heutigen, modernen Demokratien, also z.B. in einer Demokratie wie in Deutschland, hat die Volkssouveränität eine geminderte Bedeutung als in der Antike. Es bedeutet lediglich, dass „es keine höhere Instanz zur Legitimierung von Herrschaft gibt als das Volk"[3]. Das Volk wählt die Vertreter und diese agieren im Idealfall im Sinne des Volkes. Drei Kompetenzen müssen den Bürgern und ihren Repräsentanten dabei belassen werden: „die Kompetenz der Agendasetzung, die Kompetenz zur allgemeinverbindlichen Entscheidung von politischen Streitfragen sowie die Kompetenz – Kompetenz darüber, wer dies an ihrer Stelle vornehmen darf."[4] Die Volkssouveränität ist mit drei Prinzipien verbunden: politische Gleichheit, Freiheit und Kontrolle[5].

Die politische Gleichheit ist in der Demokratie ein zentrales Thema. Vor allem aus historischer Sicht ergibt sich eine enge Verbindung zwischen Demokratie und politischer Gleichheit. Diese bezieht sich vorrangig auf eine Gleichberechtigung der Bürger und damit verbunden auf das gleiche und allgemeine Wahlrecht. Weitergehend ist eine politische Gleichbehandlung aller Bürger im politischen Entscheidungsprozess angeschlossen. Die „individuelle Gleichheit in der moralischen Qualität der Person"[6] ist der Ausgangspunkt der Überlegung. Alle Bürger erhalten die gleichen politischen Rechte, abgesehen von gut begründbaren Ausnahmen (Straftäter, Minderjährige). Alle Bürger müssen sich in identischer Weise dem Gesetz unterordnen und haben das gleiche Recht, das Gesetz in Anspruch zu nehmen[7].

Die politische Freiheit ist unmittelbar mit der politischen Gleichheit und der Volkssouveränität verbunden. Wenn ein Staat die Staatsge-

---

[3] Merkel, Wolfgang: Defekte Demokratie, Opladen 2003, S. 41
[4] Merkel, Wolfgang: Defekte Demokratie, Opladen 2003, S. 41

[5] Merkel, 2003, S. 41
[6] Lauth, Hans – Joachim: Demokratie und Demokratiemessung, Wiesbaden 2004, S. 34
[7] Lauth, 2004, S. 34

walt gegen einen Bürger ausübt, so würde er nicht nur die politische Gleichheit sondern auch die politische Freiheit in Frage stellen bzw. vernichten. Eine Demokratie muss also eine Reihe von Grundrechten legitimieren und garantieren: Meinungsfreiheit, Versammlungsrecht, Informationsfreiheit. Dadurch gibt eine Demokratie den Bürgern die Möglichkeit, öffentliche Angelegenheiten und politische Prozesse zu verfolgen und auch zu kontrollieren[8].

Kontrolle ist auch in einer Demokratie sehr wichtig und wahrscheinlich die einzige Herrschaftsform, in der eine Kontrolle der Bürger möglich ist. Aber weil auch die Demokratie eine Herrschaftsform ist, ist es nötig, sie zu kontrollieren. Aber dies darf nicht mit einer unzulässigen Einschränkung von Regierungsmacht einhergehen. Daher ist es sinnvoll, Kontrollmöglichkeiten zu betrachten, festzulegen, was eine Vorstellung von Kontrolle beinhaltet und was sie ausschließt. Die wirksamste Methode, Kontrolle über den Staat auszuüben sind die Wahlen. In einer intakten Demokratie entscheidet das Volk nach einer Legislaturperiode über die zukünftige Zusammensetzung der Volksvertreter. Dies ist ein direkter Vorgang der Kontrolle. Abhängig ist der Bürger dann jedoch von folgenden Aspekten: In der Regel kann der Bürger auf das Recht der Meinungsfreiheit und der Kommunikationsfreiheit vertrauen. So werden Informationen beispielweise über die staatlichen Geschäfte, über politische Entscheidungen und wirtschaftliche Agenden veröffentlicht. Jedoch würde es wiederum eines Kontrollorgans bedürfen, wenn es darum geht, die Medien zu kontrollieren. Denn woher weiß schließlich der Bürger, dass die veröffentlichten Informationen der Wahrheit entsprechen?

Eine weitere Möglichkeit zur Kontrolle bietet die Gewaltenteilung, welches ein starkes und unabhängiges Justizwesen voraus setzt. Weiterhin ist es wichtig, ein großes Netzwerk von Überprüfungen und Abwägungen zu schaffen. Letztendlich kann jede überwachende Institution überwacht werden, jedoch gibt es irgendwann ein „Ende der Fahnenstange", nämlich wenn die letzte überwachende Institution erreicht ist. Diese Institution wäre eine Schwachstelle in den Kon-

---

[8] Merkel, 2003, S. 42

trollmechanismen. Ein großes Netzwerk an Kontrollmechanismen erhöht jedoch die Wahrscheinlichkeit der korrekten Kontrolle.

Eine vollkommen perfekte Kontrolle wird wohl nicht möglich sein und die Realität von Skandalen in der Politik bestätigen dies.

2.2 Defekte Demokratie

Zwischen totalitären und demokratischen Herrschaftsformen existieren Grauzonen, die ein Aufstellen von Kriterien zur Feststellung einer defekten Demokratie nötig machen. Denn eine defekte Demokratie bedeutet keineswegs, dass eine Autokratie oder eine totalitäre Herrschaftsform vorliegt. Richtlinie könnte die oben dargestellte Logik einer Demokratie sein, die sich an den drei Dimensionen der Gleichheit, Freiheit und Kontrolle orientiert. Wenn eine Herrschaftsform nur noch eine demokratische Fassade und autoritäre Praktiken aufweist, kann sie nicht mehr als Demokratie, und somit auch nicht als defekte Demokratie bezeichnet werden. Denn es muss immer ein Minimum an Freiheit, Gleichheit und Kontrolle für die Bürger geben, auch in einer defekten Demokratie[9].

Um eine Unterscheidung von autoritären Regimen zu erreichen sollte man auch das Wahlregime näher betrachten. Hier sind Aufstellungen möglich, in denen trotz Einschränkungen noch von einem Wahlregime gesprochen werden kann. In diesen Möglichkeiten funktioniert die Wahl zu Bestimmung von herrschenden Vertretern nur teilweise nach demokratischen Prinzipien, allerdings müssen bestimmte Kernkriterien erfüllt werden. In der Praxis ist eine defekte Demokratie im Vergleich zu autoritären Herrschaftsformen in Hinsicht auf die demokratischen Kriterien des Wahlregimes an zwei Bestimmungen geknüpft:

1. Wahlen erfüllen nur die demokratischen Kriterien, wenn „eine reelle Wahlalternative und damit auch die Möglichkeit des Machtverlustes der Regierenden [...] gegeben ist"[10]. Eine Wahl erfüllt nur dann die demokratischen Kriterien, wenn die

---

[9] Merkel, 2003, S 65
[10] Merkel, Wolfgang: Defekte Demokratie, Opladen 2003, S. 67

Regierung wirklich einen Machtverlust aufgrund des freien Wählerwillens erleiden kann. Stehen z.B. zwei Parteien zur Wahl und beide Parteien haben vor der Wahl bereits eine Koalition gebildet, und es besteht die Aussicht, dass beide Parteien nach der Wahl wieder einer Koalition bilden, erfüllt die Wahl nicht die demokratischen Bedingungen. Auch die Wahl zur Regierung in der DDR erfüllte die demokratischen Kriterien nicht. Die Wahlzettel waren vorgefertigt und es bestand keine Möglichkeit, zwischen den Parteien zu wählen. Der fertige Stimmzettel, auf dem die Kandidaten, die zu Wählen waren, schon feststanden, wurde lediglich vom Bürger in eine Urne geworfen. Zumeist standen auch keine Wahlkabinen zu Verfügung. Insofern kann man das Beispiel DDR nicht als defekte Demokratie bezeichnen[11].

2. Die Elemente „horizontaler und individualrechtlicher Herrschaftskontrolle"[12] müssen soweit gewährleistet sein, dass Herrschaftsmandate keine selbstbezogene Autoritätskreisläufe generieren können. Durch das prinzipiell uneingeschränkte Recht auf politische Kommunikation und das durch unabhängige Gerichte gewährleistete Freiheitsrecht muss Bürgern gewährleisten werden, öffentlich ihre Autonomie zu sichern. Demzufolge wäre die Demokratie im Bezug auf den Zugang zu herrschenden Positionen zwar defekt, jedoch gerät die resultierende Herrschaftspraxis nicht an ihre Grenzen[13].

Die abgestimmte und in sich schlüssige Balance einer Demokratie wird in defekten Demokratien durch autoritäre Herrschaftsformen gestört. Sowohl die demokratiespezifischen Regeln als auch die Logik einer Demokratie werden gebrochen. Das Prinzip von freien, fairen Wahlen, die Volkssouveränität und eine funktionierende und unabhängige Kontrolle der Herrschaftsform ist unvereinbar mit dem

---

[11] Merkel, 2003, S. 66
[12] Merkel, Wolfgang: Defekte Demokratie, Opladen 2003, S. 67
[13] Merkel, 2003, S 67

Ausschluss von Bevölkerungsgruppen zu Wahlen oder dem Verwei-
gern von Ansprüchen auf die Gesetze eines Landes.

Nach Merkel[14] kann man zwischen vier Subtypen defekter Demokratie unterscheiden:

Beschädigte Dimension	*Typ*
Vertikale Legitimations- und Kontrolldimensionen	Exklusive Demokratie
Rechtsstaat	Illiberale Demokratie
Horizontale Kontrolldimension	Delegative Demokratie
Effektive Herrschaftsgewalt	Enklavendemokratie

Quelle: Merkel, Wolfgang; Defekte Demokratie, Opladen 2003, S. 69ff

Diese vier Typen defekter Demokratien sind als Differenztypen dar-
gestellt. Es handelt sich um Extremfälle, und sie dienen als Bezugs-
punkte für real vorkommende Demokratien.

Eine *exklusive Demokratie* verletzt die Grundprinzipien einer
Demokratie, nämlich die Volkssouveränität, die durch faire, gleiche
und freie Wahlen erreicht wird. Es muss gewährleistet sein, dass alle
wahlfähigen Bürger Zugang zu Wahlen bekommen und somit zur
Wahlentscheidung beitragen können. Werden z.B. Bürger nicht zur
Wahl zugelassen, weil sie einer bestimmten Religion angehören,
werden die Kriterien der Volkssouveränität verletzt.

In einer *illiberalen Demokratie* wird die Regierung frei, allge-
mein und fair gewählt. Werden alle gängigen Freiheits- und Schutz-
rechte des Individuums ungewürdigt und verletzt, liegt eine illiberale
Demokratie vor. Erkennbar sind illiberale Demokratien, wenn der
Kerngedanke einer liberalen Demokratie, nämlich die identische
Freiheit aller Individuen, missachtet wird.

---

[14] Merkel, 2003, S. 69ff

Eine funktionierende Demokratie ist ebenfalls abhängig von den horizontalen und rechtsstaatlichen Kontrollen. In einer Demokratie wird vorausgesetzt, dass die empfindliche Repräsentationskette ausbalanciert und kontrolliert sind. In einer *delegativen Demokratie* sind diese Kontrollfunktionen der Exekutive durch die Legislative und die Jusikative gehindert. Regierungen greifen in diesem Fall illegal in das Justizwesen ein, verändern die Gewaltenkontrolle zu deren Gunsten und erlangen so zu nicht autorisierten Machtverhältnissen.

Eine *Enklavendemokratie* liegt dann vor, wenn der Regierung durch Militär, Wirtschaft (Konzerne) oder Guerillas Macht entzogen wird. Dies kann durch Androhung von körperlicher oder psychischer Gewalt erfolgen. Aber auch wenn dieser Machtentzug in der Verfassung, etwa durch Sonderrechte für das Militär, mitverursacht wird, spricht man von einer Enklavendemokratie. Wenn eine derartige Verfassung unter nicht demokratischen Verhältnissen Zustande gekommen ist, erfüllen diese Bestimmungen nicht den legalen demokratischen Satzungen.

2.3 Grauzone zwischen Demokratie und Autokratie

Hybride Regime sind Herrschaftssysteme, denen weder Elemente der Demokratie noch der Autokratie zugeordnet werden können, sondern beide Elemente vermischt werden. Ein bedeutendes Merkmal ist dabei, dass die Ernennung der Regierung oder der Herrschenden durch freie und faire Wahlen stattfindet. Weitere Kriterien betreffen die Herrschaftsstruktur, den Umfang der Herrschaft und die Ausübung der Herrschaft. Anhand dieser Eigenschaften bedienen sich hybride Regime einer Kombination dieser Kriterien. Sie erinnern in der Durchsetzung des Herrschaftszuganges an die demokratischen Regime, in den Merkmalen Herrschaftsstruktur und Herrschaftsformen kommen sie an die autokratischen Herrschaftsformen heran. Die Wahlen laufen fair und frei ab, jedoch wird gewissen Bevölkerungsteilen das Wahlrecht aufgrund ökonomischer und politischer Gründe verweigert. Auch fehlen rechtsstaatliche Strukturen und die zivile Kontrolle über das Militär[15].

3. Russland

3.1 Inhalt und Entstehung der russischen Verfassung

Vom Frühjahr 1992 bis zum Herbst 1993 befand sich Russland unter Jelzin in einer Krise. Das Land war von einer Doppelherrschaft von Parlament und Exekutive dominiert. Das Parlament bestand aus ca. 1000 Volksdeputierten unter der Leitung eines Oberst Sowjet. Dieser versuchte die in Art. 104 der Verfassung von 1978 verankerte „höchste Gewalt" durchzusetzen. Der Präsident und seine Handlungsorgane waren andererseits bestrebt, die Gesetze des Handelns an sich zu ziehen. Die Verfassung bot aufgrund vielerlei Änderungen keinen Rückhalt mehr. Als das Parlament die Maßnahmen des Präsidenten zu ignorieren begann, löste Jelzin das Parlament auf und zögerte nicht, dabei Gewalt einzusetzen. Der Widerstand wurde gebrochen und eine neue Verfassung im Spätherbst 1993 vollendet. Die Verfassung wurde in den ersten freien Parlamentswahlen am 12 Dezember 1993 angenommen. Allerdings fiel der Rückhalt der Bevölkerung sehr gering aus. Es gab eine Wahlbeteiligung von 54,4% und nur 57% davon nahmen die Verfassung an.

Das neue Papier wurde von den politischen Eliten Russlands nur zögerlich angenommen. Während der Doppelherrschaft zwischen 1992 und 1993 hatte das Parlament eine starke Position eingenommen und waren in der Lage, die Verfassung nach Belieben zu ändern. Nach der neuen Staatordnung jedoch hatte der Präsident eine sehr starke Stellung.

Die Verfassung stellt ein in sich geschlossenes Dokument dar, welches klar nach demokratischen und rechtsstaatlichen Prinzipien verbindlich ist. Von früheren kommunistischen Herrschaftsideologien rückt die Verfassung ganz klar ab, erkennt außerdem den Pluralismus und den Föderalismus prinzipiell an und verbietet das Staats-

---

[15] Merkel, 2003

monopol auf Ideologie. Gegenüber dem Sowjetregime stellt es eine ganze klare neue Position dar.

Die Macht des Präsidenten wird gestärkt, die Stellung der beiden Parlamenteskammern, der Staatsduma und des Föderationsrates jedoch eher geschwächt. Der Präsident wird für vier Jahre gewählt, ist Garant für die Verfassung und oberster Befehlshaber für das Militär. Es bedarf lediglich der Zustimmung des Föderationsrates, wenn der Präsident oberste Beamte und Verfassungsrichter benennt oder den Kriegs- oder Ausnahmezustand aushängt. Weiterhin von zentraler Bedeutung für die Stärkung des Präsidenten ist die Tatsache, das der Präsident die Richtung für die Innen- und Außenpolitik festlegen kann. Ein Veto des Präsidenten gegen Gesetzes kann das Parlament nur mit einer Zweidrittelmehrheit zurückweisen. Weiterhin hat der Präsident das Recht der Gesetzesinitiative sowie das Recht Verordnungen zu bestimmen.

Die Elemente der Gewaltenteilung und der Gewaltenverschränkung sind in der Verfassung festgeschrieben. Die Staatsduma kann ein Amtenthebungsverfahren gegen den Präsidenten anstrengen, dabei hat der Föderationsrat allerdings das letzte Wort. Auch bei der Ernennung von Ministerpräsidenten ist der Präsident an die Staatsduma gebunden, allerdings kann der Präsident im Falle einer dreimaligen Ablehnung die Kammer auflösen. Unter den gleichen Bedingungen kann das Parlament sein Misstrauen gegen den Präsidenten ausdrücken. Obwohl die Duma dadurch in ihrer Handlungsfähigkeit sehr eingeschränkt ist, gab es doch Vorfälle, in denen sich das Parlament durchsetzte. Im Juni 1995 musste der Präsident aufgrund eines Misstrauensvotums die Minister entlassen, die für das missglückte Krisenmanagement beim Überfall eines Krankenhauses durch tschetschenische Rebellen verantwortlich waren. Auch konnte die Duma 1998 den Präsidenten davon abbringen, die Kandidatur Viktor Tschernomyrdins zum Ministerpräsidenten durchzusetzen. Es hat sich in der Vergangenheit gezeigt, dass das Parlament trotz eingeschränkter Rechte in der Lage ist, Entscheidungen und Prozesse in der Politik Russlands mitzubestimmen.

3.2 Der „Superpräsidentialismus" unter Wladimir Putin

Im Jahr 1999 wurde Wladimir Putin von Boris Jelzin als Nachfolger des Präsidentenamtes präsentiert. Zuvor war Putin Premierminister und hatte bis zu diesem Zeitpunkt die Leitung des FSB (Inlandsgeheimdienst, Nachfolgeorganisation des KGB) und war Sekretär des Nationalen Sicherheitsrates. Kritiker beobachteten skeptisch die Präsentation des Präsidentennachfolgers, die liberale Öffentlichkeit befürchtete eine Art Erbmonarchie. Dank einer geschickten Medienkampagne gelang es, Putin in der Öffentlichkeit bekannt zu machen und eine breite Unterstützung zu sichern. Dabei wurde dem Kandidaten Putin soviel Sendezeit im Fernsehen zur Verfügung gestellt, wie alle drei Mitbewerber gemeinsam hatten. Putin wurde 2000 mit 53% ins Amt gewählt[16].

Nach dem Amtsantritt bekräftigte Putin seine Haltung zur Rechtlichkeit der Verfassung. Im Frühling 2000 veranlasste der neue Präsident eine „Reform der Macht", in der er die in Jelzins Zeit erlangte Eigenständigkeit der Provinzen beschnitt. Putin setzte von ihm bevollmächtigte Aufsichtspersonen ein, die in sieben neu gebildeten Kreisen als Aufsichtsorgane agieren sollten. Weiterhin wurde auch der Förderationsrat in seinen politischen Einflussmöglichkeiten beschnitten, dort sollten von nun an nicht mehr die Oberhäupter sondern nur noch deren Abgesandte vertreten sein. Das Parlament setzte diese „Reform" sehr schnell um und verzichtete auf eine Änderung der Verfassung. Putin setzte einen Staatsrat als Forum ein, in dem sich die Notabeln aus der Provinz einmal im Monat mit der Moskauer Regierung treffen und besprechen können. Doch auch weitere Maßnahmen lassen vermuten, dass Putin seine präsidentielle Herrschaft ausbauen möchte. 2004 schaffte Putin die direkte Wahl der Gouverneure der Regionen, die seit 1996 praktiziert wird, wieder ab. Seit dem schlägt er selbst die Kandidaten für ein Gouverneursamt vor. Vor allem die Pressefreiheit und das Recht auf freie Mei-

---

[16] Assheur, 2002

nungsäußerung ist vom russischen Präsidenten sehr eingeschränkt worden. Beispiel dafür sind die Gefängnisstrafen, die gegen die bekannten russischen Kritiker Grigori Pasko und Igor Sutjagin verhängt wurden. Pasko hatte über das Entsorgen von Chemieabfällen im Pazifik berichtet und wurde daraufhin wegen Hochverrat angeklagt. Er wurde deswegen zwar freigesprochen aber zu drei Jahren Gefängnis wegen Amtsmissbrauch verurteilt. Sutjagin wurde wegen Hochverrats zu verschärfter Lagerhaft verurteilt. Amnesty International erkannte ihm den Status politischen Gefangenen Russlands zu. Angeblich hatte Sutjagin für den amerikanischen Geheimdienst CIA gearbeitet. Nach eigenen Angaben war der einzige Vorwurf, dass er mit Ausländern über Atomprogramme gesprochen hatte. Allerdings hatte Sutjagin nach eigenen Angaben ausschließlich öffentliche Quellen benutzt. Dieser Fall zeigt, wie die russische Justiz die eigenen Verfassung und v.a. die Pressefreiheit und das Recht auf freie Meinungsäußerung missachtet[17].

Weitere Maßnahmen gegen die Pressefreiheit waren die Verstaatlichung der TV – Stationen. Alle drei Landesweit sendenden TV – Stationen sind direkt in staatlichen Besitz oder unter staatlicher Kontrolle. Als Gegenstück dazu existieren einige private TV – Sender, die vergleichsweise unabhängig arbeiten können. Allerdings senden diese TV – Stationen nur in einigen Regionen. Nur in den Printmedien herrscht eine relative Meinungs- und Pressefreiheit. Auch das Internet ist frei von staatlicher Kontrolle, und es sind dort viele kritische Publikationen zu finden[18].

Bei den Parlamentswahlen 2003 erreichte die Partei „Einiges Russland", welche Putin sehr nahe steht, eine Zweidrittelmehrheit mit 307 von 450 Sitzen. So wird Putin befähigt, bei Notwendigkeit Verfassungsänderungen von der Duma beschließen zu lassen. Die OSZE benannte die Wahlen frei, aber nicht fair. Lediglich die Kommunisten mit 47 Sitzen und die Liberaldemokraten mit 34 Sitzen den Einzug in die Duma. Westlich orientierte Parteien wie Jablokotoje und die Union der Rechten Kräfte sind nur noch durch einige direkt gewählte

---

[17] Assheur, 2002
[18] Assheur, 2002

Vertreter im Parlament vertreten. Allerdings wird diese Möglichkeit bei der Parlamentswahl 2007 nicht mehr existieren. Das Wahlrecht wurde bereits geändert und sieht vor, dass alle 450 Abgeordnete über Parteilisten nach Verhältniswahlrecht gewählt werden[19].

Viele Beobachter stellen fest, dass die Konzentration der Macht beim Präsidenten nicht mit einer Demokratie vereinbar sind. Putin hängt aber auch sehr von seiner Umgebung ab. Laut der russischen Politikspezialistin Olga Kryschtnowskaja gibt es zwei „Kremlclans" Die sogenannten Siloviki setzen sich aus Vertretern der Sicherheitsorgane zusammen. 77,3% haben dabei eine Vergangenheit beim Militär oder Geheimdienst. Betrachtet man die gesamte russische Elite, haben 43,5% eine derartige Vergangenheit. Die andere Gruppe nennen sich Liberale. Beide Vereinigungen haben ein Interesse an einem machtzentrierten Staat. Unterschiede gibt es bei der Wirtschaftspolitik. V.a. geht es darum, inwieweit die Verstaatlichung der Konzerne durchgeführt wird, inwiefern aus taktischen Gründen Staatskonzerne miteinander fusionieren und wer dann die Förderlizenzen bekommt. Besonders groß sind die Interessengegensätze zwischen Siloviki und Liberalen, wenn es um die Weiterführung und Entwicklung der Erdöl- und Erdgaswirtschaft geht. Grund dafür ist sicherlich auch, dass die beiden Chefs der Vereinigungen nicht nur Regierungsämter haben, sondern auch gleichzeitig Aufsichtsratsvorsitzende bei den Energiekonzernen sind. So ist Igor Setschin, der als Chef der Siloviki gehandelt wird, auch Aufsichtsratsvorsitzender des staatlichen Ölkonzerns Rosneft. Außerdem hat er als ehemaliger Geheimdienstmitarbeiter Putin vom Amt des Bürgermeisters in Petersburg bis zum Einzug in den Kreml begleitet. Dmitrij Medwedew ist der Leiter der Präsidialverwaltung und Vorgesetzter von Setschin. Er gilt als Chef der Liberalen. Außerdem ist er Mitglied im Aufsichtsrat des Erdgas – Konzerns Gazprom[20].

Die Mehrheit der kremltreuen Unternehmer wird von Putin akzeptiert und in den Dialog mit eingebunden. Jedoch billigt Putin keine politischen Ambitionen von Wirtschaftern, die sich politisch engagieren.

---

[19] Assheur, 2002
[20] Assheur, 2002

Dies zeigt das Strafverfahren gegen den Jukos – Konzern – Chef Michail Chodorkowski. Dieser hatte einige Parteien und Abgeordnete generös finanziell unterstützt. Auch wurde ihm, allerdings nur durch die Presse, ein Interesse am Präsidentenposten nachgesagt. Chodorkowski stand in Verhandlungen über den Verkauf eines 25%igen Anteils des Jukos – Konzerns an Exxon-Mobil oder Chevron. Doch dazu kam es nicht, Chodorkowski wurde wegen Steuerhinterziehung zu 9 Jahren Haft verurteilt[21].

4. Schlussfolgerung

Viele Experten sind sich einig, dass Russland eine defekte Demokratie ist. Ich möchte anhand von einigen Beispielen zeigen, dass sich Russland immer mehr von den demokratischen Grundsätzen entfernt.

Schon bei der Wahl zum Präsidenten im Jahre 2000 wurde Putin eine größere Chance eingeräumt als den Mitbewerbern. So wurde Putin mit Hilfe einer Medienkampagne im Land bekannt gemacht. Er erhielt soviel Sendezeit wie alle drei Mitbewerber zusammen[22].

Putin schränkt die Pressefreiheit und das Recht auf freie Meinungsäußerung drastisch ein. Beleg dafür ist die Tatsache, dass alle drei landesweit sendenden TV – Stationen unter staatlicher Kontrolle sind. Auch die Gefängnisstrafen gegen Regimekritiker sind ein Beleg für das drastische Vorgehen Putins gegen die Presse.

Putin konzentriert die Macht auf seine Person. Die Beschneidung der Machtbefugnisse der Regionen sind ein gutes Beispiel dafür. Auch das ca. 77% der Regierungsmitglieder um Putin eine KGB- oder FSB - Vergangenheit haben zeigt, dass Putin, selbst auch ehemaliges KGB- und dann FSB- Mitglied, gerne Personen, die ihm hörig sind, um sich versammelt[23].

Putin entwickelt den russischen Staat immer weiter zu seinen Gunsten und um seine Machtposition zu stärken und zu zentrieren. Letzt-

---

[21] www.netzwelt.de/lexicon/Defekte_Demokratie
[22] www.netzwelt.de/lexicon/Defekte_Demokratie

[23] Asseur, 2002

endlich sind die oben genannten Punkte ein Kriterium für eine defekte Demokratie. Alle weiteren Entwicklungen Russlands lassen vermuten, dass Putin seine Macht politisch und wirtschaftlich weiter
Ausbauen wird.

5. Quellenangabe

Höhmann, Hans Herrmann, Schröder, Hans- Henning (Hrsg.): Russland unter neuer Führung, Münster 2001, S. 44 – 54

Bos, Ellen, Mommsen, Margareta, von Steinsdorff, Silvia (Hrsg.): Das russische Parlament, Opladen 2003

Gorzka, Gabriele, Schulze, Peter W. (Hrsg.): Wohin steuert Russland unter Putin?, Frankfurt/ Main 2004

Merkel, Wolfgang, Defekte Demokratie, Opladen 2003 S.19 – 36, 39 – 55, 65 – 91
Lauth, Hans – Joachim, Demokratie und Demokratiemessung, Wiesbaden 2004, S. 32 – 96

www.zeit.archiv/2002/15/200215_demokratie

www.freenet.de/Defekte_demokratie

www.netzwelt.de/lexicon/Defekte_Demokratie

Th.Assheur, Die Zeit, Ausgabe 15, Hamburg, 2002